REMERC

Le présent ouvrage résulte spé
de l'auteur et des équipes d'Alli. ......ıuuıc.

Merci à Etienne Pelcé pour sa confiance, à Johann Gaulier pour son aide précieuse notamment pour la sortie rapide de cet ouvrage et à Anne-Sophie Ville, Georgia Viera de Matos, Anthony Carvalheiro, Wilfried Deschamps et David Lepaisant… pour leurs efforts et leurs incarnations originales des principes de cet ouvrage lors de la :

Convention Allianz Patrimoine du 19 Juin 2018

Didier Chambaretaud
Préparateur en prise de parole

Comment raconter votre histoire ?

Conseils pratiques pour préparer votre « talk »

ACATL Publishing
Collection Prise de Parole
www.acatl.fr

ACATL *Publishing*

Table des matières

PREFACE

Ce qui est désormais prioritaire est moins ce que l'on dit,
mais davantage ce qui est perçu

Etienne Pelcé

Notre société hyperconnectée intensifie l'exigence de Communication, car de singulière elle est devenue plurielle, de locale elle est devenue mondiale, d'intime elle est devenue transparente. La Communication ne s'arrête plus aux frontières de l'immédiat, elle se transmet à l'infini tel l'écho rebondissant sur les parois abruptes d'un canyon profond, qu'il se nomme Facebook ou Twitter, Google ou Instagram.

En conséquence, l'attention a changé de camp : ce qui est désormais prioritaire est moins ce que l'on dit, mais davantage ce qui est perçu ; moins ce que l'on ressent, mais davantage ce qui est ressenti. Plus précisément, notre message est moins celui que l'on exprime que celui qui doit être entendu et compris. Il oblige à s'adapter à la nature de son auditoire, à sa capacité d'attention et d'écoute, à l'intérêt qu'il suscite, à son expertise dans le sujet traité. Il oblige à s'adapter à sa taille : un seul alter ego, une équipe, un groupe, une foule, ...

Effet collatéral arithmétique : l'hyper-connexion multiplie le nombre des messages émis et reçus dans le monde entier, et réduit ainsi le temps que chacun peut consacrer à les absorber. D'une heure il y a quelques décennies, une communication ne pouvait excéder une demi-heure il y a quelques années, et ne peut se prolonger au-delà de 10 minutes depuis quelques mois. La multiplicité relationnelle réduit le temps relationnel.

S'appuyer sur le savoir-faire de Didier Chambaretaud, qui travaille depuis de nombreuses années au coaching de communication, s'avère un précieux atout. Par son jeu d'écoute fine et perspicace, il nous challenge, nous bouscule, nous oriente, pour finalement nous faire converger vers un message aux allures inspirantes et aux contours simplifiés, pour animer l'écoute dans un temps accepté.

Un magnifique projet.

Etienne Pelcé

Directeur Allianz Patrimoine

INTRODUCTION

Si vous échouez à vous préparer,
vous vous préparez à échouer

Benjamin Franklin

Benjamin Franklin savait se préparer à prendre la parole en public ... et en privé d'ailleurs aussi ! Son ambassade a changé le monde et a précipité des révolutions. Voulez-vous savoir pourquoi cet exemple venu du lointain XVIIIe siècle nous concerne aujourd'hui ?

A notre époque, le roi et sa cour sont remplacés par des intermédiaires en pleine mutation : des médias devenus réseaux (sociaux) et inversement ! La reconnaissance y est désormais moins fonction de la valeur ou de la qualité intrinsèques d'un message que de sa visibilité par le plus grand nombre possible de "followers" et "d'amis" remplaçants la masse ancienne des téléspectateurs ou des lecteurs. Or ce philosophe et homme d'Etat souvent pris comme symbole de sagesse et de réussite, souvent paraphrasé et donc souvent trahi, a selon nous, un tardif mais curieux successeur aux mille visages, à la fois traditionnel et hyperconnecté : TED[1] !

---

[1] TED (Technology, Entertainment, Design) est une marque fondée, en 1984, par l'architecte Richard Saul Wurman pour tenir une unique conférence à Monterey, en Californie, où furent notamment présentés le MacIntosh d'Apple et le Compact Disk de Sony. La marque est cédée en novembre 2001 à la Sapling Foundation dirigée par Chris Anderson, un ancien journaliste anglais et éditeur du magazine informatique Future Publishing. Wurman quitte TED en 2004.
L'accent initial de TED était mis sur la technologie et l'innovation. TED a

A un moment clef, j'ai rencontré TED et TEDx alors que je cherchais un nouveau défi. Rencontre décisive. C'est en recherchant une nouvelle inspiration qu'en 2010 j'ai visionné pour la première fois des conférences TED. Elles m'ont été utiles comme *eye opener*, comme point de départ... C'est le véritable objectif de TED selon moi.

Raconter de belles histoires, c'est bien ; avoir quelque chose à dire, c'est mieux ! Rendre cela accessible et intéressant, c'est la clef. C'est donc avant tout le contenu, les sujets, l'intelligence des propos qui motivaient et motivent toujours mes recherches, non a priori la manière de raconter l'histoire. Mais raconter l'histoire est bien le sujet du présent ouvrage. Alors pour commencer, voici la mienne sous cet angle particulier.

L'idée de découvrir si TED existait en France me vint immédiatement à l'esprit. Or, hasard de l'hyperconnexion, Google ne me parla pas de TEDxParis, qui existait pourtant depuis 2009. Mais de TEDxBasqueCountry 2010. Et ce fut tout. Or ce TEDx-là[2] avait lieu quelques jours plus tard à Biarritz.

Quarante-huit heures plus tard, après une nuit passée en train couchettes, je me trouvais à six heures du matin, ce 13 novembre 2010, sur une plage déserte, à regarder l'aube se lever sur la mer devant le casino et à proximité de l'hôtel où allait se

---

depuis élargi son champ à des sujets artistiques, scientifiques, culturels, sociétaux... Parmi ses intervenants prestigieux, on trouve : Richard Dawkins, Bill Clinton, Richard Stallman, Bill Gates, Jane Goodall, Al Gore, Gordon Brown, Bono, Mike Rowe, les fondateurs de Google, Larry Page et Sergey Brin, et de nombreux lauréats du prix Nobel. Ils en font un « Davos » de l'innovation sous toutes ses formes. La principale conférence TED se tient désormais à Vancouver.

[2] TEDx est un programme que TED a lancé en 2009 pour déployer l'idée des conférences TED dans des événements indépendants reprenant l'idée de TED et respectant une charte précise, ce qui ouvre droit à une licence gratuite permettant l'usage du sigle et du logo. Les intervenants ne sont pas rémunérés, pas plus que les organisateurs. Les interventions sont filmées, elles sont diffusées sur la chaîne YouTube de TED, seul propriétaire des droits de ces vidéos. En revanche, comme à TED, toutes les vidéos sont accessibles gratuitement en Creative Commons. En 2014, il existait 8 TEDx par jour en moyenne dans 130 pays.

tenir ce TEDx ... Superbe oui, mais tout ça pour quelques conférences courtes alors que je ne connaissais strictement personne. N'avais-je pas mieux à faire ?

Les premières interventions furent un peu hésitantes, mais visiblement très travaillées, ça sonnait juste...

Puis ce fut une sorte de révélation même si cela paraît un peu fort de dire cela !

Le thème général était : la paix. Un juriste spécialiste du droit constitutionnel, Jean-Pierre Massias, parla des traités de paix[3]. Il parla avec autorité, mais surtout avec authenticité et simplicité. Étonnant pour un professeur de droit, m'étais-je dit, plein de préjugés venus pas tout à fait par hasard ... Jean-Pierre disait : *Après la guerre, signer la paix, c'est toujours trahir sa cause*, d'une manière... qui trouvait des échos chez moi. J'avais en effet un grave conflit à régler, mais ceci est une autre histoire, un autre livre ...

Ce n'est pas l'histoire de l'orateur que retient le public, c'est la sienne propre ! Et c'était d'une certaine façon, mon histoire que, sans le savoir, ce speaker racontait devant moi !

En outre, on participe à un TEDx non pas parce que l'on veut écouter quelqu'un en particulier, cela on peut le faire sur le net, on vient rencontrer ce que l'on ne cherchait pas, ce que sans doute, l'algorithme n'aurait pas proposé.

Par la suite, de TEDxLaDéfense au mois de Juin 2012 à TEDxMinesNancy en Juin 2018, ce sont dix-huit événements de ce type auquel j'ai contribué en accompagnant plus de deux cents intervenants. A ces événements s'ajoutent un certain nombre de séminaires et conventions d'entreprises ainsi que de symposiums scientifiques conçus dans le même esprit que TEDx exactement comme la convention Allianz Patrimoine de ce mardi 19 Juin 2018.

---

[3] Vous trouverez son *talk* ici : « Les préalables à la négociation » https://www.youtube.com/watch?v=z XwiTdLZOD0, novembre 2010.

En plus de trente ans de consulting stratégique et de direction d'entreprises où j'ai connu d'autres facettes de la prise de parole, c'est donc ce vécu et les techniques glanées dans ces contextes que je vous propose de partager pour cette convention.

The Show must Go On ! Et pour vous être utile, j'ai sélectionné quatre thèmes que l'on peut considérer comme introductifs à l'art de raconter une histoire :

1. après une définition opérationnelle de l'impact oratoire,
2. je décrierai ce que c'est que de raconter une histoire,
3. pour vous aider à choisir votre approche et
4. vous préparer comme nous le faisons dans nos TEDx.

Pensez-y la prochaine fois que vous aurez à parler en public.

AVOIR DE L'IMPACT

*Ma méthode est de prendre le plus de soucis possible
pour trouver la chose qu'il faut dire,
et ensuite de la dire avec une légèreté extrême.*

George Bernard Shaw

Habituellement faire une bonne présentation, c'est être convainquant et l'on dira parfois après : *c'est un brillant orateur*. Est-ce vraiment ce que nous recherchons ?

L'orateur brillant laisse parfois une impression fugace : *oui il est brillant mais qu'en a-t-on retenu ?* On dit en revanche d'une intervention type TED, qu'elle a de « l'impact ». Comme si le « brillant » ne renvoyait finalement qu'au paraître alors que l'impact serait plus profond. L'un concerne l'image de l'orateur, l'autre est en rapport avec son public. Mais qu'est-ce que cela veut dire de façon opérationnelle ?

Les six critères d'impact

Dans les ouvrages qui traitent de prise de parole, on se limite en général à trois critères : attention, engagement, influence. Nous allons traiter de l'attention avec notre critère 1, c'est au fond ce qui renvoie à l'aspect brillant de l'orateur. Parce que nous voulons avancer progressivement, la notion d'engagement est détaillée par nos critères 2, 3 et 4 et l'influence par les critères 5 et 6. Nos critères font appel à l'émotion et non seulement à la compréhension rationnelle :

13

1. attirer l'**Attention** ;
2. être **Compris** ;
3. être **Crédible** ;
4. être **Mémorisé** ;
5. être **Accepté** ;
6. être **Relayé**.

Ils se résument par un acronyme mnémotechnique : ACCMAR !

Critère n° 1 : attirer l'Attention

« Impactant », cela peut donc vouloir dire quelque chose qui fait du bruit et de l'effet ; quelque chose qui attire l'attention. Un talk de TEDxKyoto[4] par un orateur qui rappelle notre enfance l'illustre merveilleusement. Il s'agit de George Takei maintenant âgé de plus de quatre-vingts ans. Mais si vous le connaissez ! Il interprétait le rôle du lieutenant navigateur Harika Sulu dans la série Star Trek. Alors, ça vous revient ? Voici son accroche :

> *Je suis un vétéran du vaisseau Enterprise, j'ai navigué à travers la galaxie, pilotant un grand vaisseau avec un équipage composé de gens issus du monde entier, de différentes races, héritages, cultures, tous travaillant ensemble. Notre mission était de découvrir de nouvelles vies, de nouvelles civilisations ...*

Nous voulons tous savoir la suite n'est-ce pas ? Et voilà, l'accroche, c'est juste ça : l'attention est captée ! Impact !

Mais attention, l'accroche doit être cohérente avec le contenu qui suit. Il y a ici un petit risque que l'on cède parfois à la tentation de faire une accroche remarquable mais en décalage avec le message de fond. Takei ne va pas parler de la série Star Trek. Il a autre chose en tête. Son accroche introduit habilement que dans la réalité, notre terre est un vaisseau et que l'humanité tout entière est son équipage multiculturel. Or son enfance d'immigré lui a démontré que tout l'équipage a besoin d'apprendre à mieux « vivre ensemble ». Voilà le talk bien lancé !

---

[4] George Takei, TEDxKyoto 2013 https://youtu.be/LeBKBFAPwNc

Critère n° 2 : être **Compris**

L'accroche sert à attirer l'attention. Encore faut-il ensuite être compris. Être compris est parfois difficile. C'est une préoccupation de toutes les formes de communication, médiatisées ou directes. Tout dépend de qui écoute et du sujet. Or, observons qu'en entreprise, sur un salon professionnel ou entre spécialistes dans un symposium, on cherche souvent moins à être compris qu'à impressionner pourvu que quelques « influenceurs » fassent l'éloge du conférencier. Molière avait peint ce travers avec ses médecins aussi incompréhensibles pour leurs patients qu'ignorants de la maladie et du remède !

Nombre de communications professionnelles et politiques observent des codes précis et ne se soucient pas vraiment d'être comprises. Écoutez une thèse savante... Il importe plus de citer Untel que de l'avoir lu, de reprendre tel mot clé et telle parution précédente que d'en comprendre le sens... On se demande parfois si le jury, voire si l'auteur lui-même, comprend ce qui est dit.

Trop souvent la préoccupation des speakers n'est pas ce que le public en retire mais ce qu'ils en tirent eux ! Nous touchons ici à une question plus générale de pédagogie. Pas celle des politiques qui souvent plus encore que les spécialistes, visent à tordre la réalité pour faire passer leur pilule. Plutôt celle des enseignants véritables ou des artistes qui se préoccupent vraiment de transmettre.

Les designers ont un concept pour cela : l'Affordance. Pour qu'une tasse de thé ou une casserole puissent être tenues en main plus facilement, on les dote de poignées. D'instinct, nous savons que pour les tenir sans se brûler, le plus simple est de la saisir par la poignée ! Ajoutons donc une « poignée pédagogique » à l'idée pour que nous puissions la prendre en main intellectuellement plus facilement.

Prenez les statistiques par exemple. Même les plus savants finissent par s'y perdre. Pourtant des messages forts y sont cachés. Hans Rossling[5] est passé maître dans l'art de coller des poignées aux idées. Parfois même au sens littéral. Habituellement, il utilise de savants logiciels d'animation qu'il commente comme un match de foot. Son sujet c'est l'évolution des revenus et de la durée et de la qualité de vie à l'échelle planétaire. Sujet indigeste.

Dans cette intervention, il conserve ses logiciels sophistiqués mais ajoute une dimension réelle et physique à sa démonstration. Les grandes catégories de la population mondiale sont représentées par des boîtes Ikéa vertes et bleues qu'il superpose et déplace. Et dans les boîtes se trouvent des jouets qui symbolisent le niveau de consommation de ces populations : des sandales, un vélo, une auto (une Volvo car il est suédois), un avion pour les plus riches…

Affordance et pédagogie sont les clefs pour être compris. Jargon, entre-soi et *private jokes* en sont les fléaux. Impact !

Critère n° 3 : être **Crédible**

Cela établi, qui êtes-vous pour le dire ? Même brillamment, même pédagogiquement, qu'est-ce qui vous autorise à parler ?

Vous n'êtes pas armé, vous n'avez pas pris la salle en otage en menaçant de faire exploser le siège social, alors pourquoi vous écoutent-ils, vous ? Il faut vous interroger un instant, même si vous êtes le grand patron : en quoi êtes-vous crédible ? Traditionnellement, les généraux romains se faisaient hisser sur un pavois, haranguaient ses légionnaires et se faisaient acclamer. *Vox populi, vox dei* ! Le vécu en commun à la bataille et la qualité oratoire se mêlaient pour produire des empereurs « crédibles » aux yeux de la légion sinon du peuple...

Or voici justement l'histoire d'un général d'aujourd'hui pour illustrer la véritable légitimité de l'orateur. Le thème de notre TEDx[6] était : « Au-delà du possible ». Juste après les attentats de janvier 2015, ce général de gendarmerie, ancien officier de la

---

[5] TEDxCannes en 2010, https://youtu.be/fTznEIZRkLg

[6] Général Jean-Louis Esquivié, TEDxMinesNancy 2015
https://youtu.be/l7HKmYPMHkk

force nucléaire tactique puis ancien numéro deux de la cellule antiterroriste de l'Élysée, venait parler de la violence nucléaire et de la violence terroriste. Son idée de fond était que ces deux sortes de violences sont mimétiques, selon l'expression du philosophe René Girard : elles se nourrissent l'une de l'autre.

Sur le papier, la thèse philosophique n'est pas évidente si l'on ne connaît pas René Girard. En revanche, lorsqu'il évoque son expérience personnelle d'officier confronté au risque de devoir prendre seul la décision de déclencher le feu nucléaire (système tactique Pluton), l'intervenant prend une dimension et une légitimité uniques. De même, lorsqu'il explique comment le GIGN a agi avec efficacité et en conformité avec les principes éternels de la démocratie remontant aux anciens Grecs, il est également extrêmement crédible. Et lorsqu'il conclut que, malgré l'augmentation des risques mondiaux (terroristes comme nucléaires), nous pouvons dépasser le mimétisme de la violence pour peu que nous sachions ne pas nous renier et accueillir les apports d'autres cultures, notamment africaines, se précise un message d'espoir qui a un grand impact et qui, à mon avis, vaut la peine d'être largement diffusé.

Nous avons travaillé avec lui en amont pour qu'il capitalise sur sa véritable légitimité, celle de l'expérience plus que sur celle de la thèse philosophique empruntée à René Girard.

La crédibilité est relative au public, bien sûr. Il faut être crédible pour le public que l'on a. L'auditeur doit pouvoir rapidement comprendre en quoi cet orateur lui apporte quelque chose à lui. S'il a un doute sur la qualité de l'intervenant, sur sa compétence ou sur ses intentions, il ne le suivra pas. Il vous faudra donc choisir les arguments et les histoires vraies et vérifiables qui conforteront votre message. Pour cela, il ne faut pas avoir peur de faire simple.

Notre intervenant n'avait nul besoin d'un philosophe pour cautionner sa réflexion. Tout au long de la préparation de ce talk, j'ai eu souvent envie de le lui dire, et je l'ai fait la veille du TEDx plus ou moins en ces termes :

Mon Général, malgré la grande admiration que je porte aussi à René Girard, il n'a jamais négocié avec un terroriste, il n'a jamais eu la responsabilité de déclencher le feu nucléaire, vous, oui ! A votre avis, de vous deux qui est le plus légitime ici ?

Regardez votre intervention sous cet angle : qu'est-ce qui vous rend légitime ? Qu'est-ce qui rendra ultimement votre propos crédible ? Impact !

Critère n° 4 : être **Mémorisé**

C'est bien de recevoir un message captivant, clair et crédible, mais encore faut-il le retenir. En juin 2011, en tant qu'organisateur en devenir d'un TEDx, je fus invité à TEDGlobal 2011, événement très riche... trop riche peut-être. Pendant une semaine complète, nous avions quatre sessions de quatre TED talks par jour. En plus, chaque matin très tôt, nous avions des ateliers optionnels puis des mini-talks « TED U » dans un théâtre voisin. Enfin, au déjeuner, il y avait des stands de démo, des séances publiques d'interviews par la BBC ou des événements spéciaux, comme remise de prix, témoignages, etc. Avant cette semaine, il y avait aussi des réceptions, des invitations à des séances de préparation des intervenants, etc.

Or nous savons que sitôt une conférence terminée, nous ne mémorisons qu'une petite partie de son contenu... Alors, imaginez un peu ce qui reste après une semaine à ce rythme-là, après une centaine de conférences ! Même quand elles sont de grande qualité, la concurrence informationnelle, émotionnelle et esthétique est grande. Il y en a dont je n'ai absolument aucun souvenir. Ce n'est sans doute pas pour rien qu'en dessous de l'auditorium principal était aménagé un vaste hall avec des fauteuils, des sofas et même des divans où les TEDxers pouvaient dormir. Et, sur la fin, certains ne s'en privaient pas !

Notre cerveau ne retient que ce qui est marquant, même un discours clair et bien présenté peut finalement ne laisser aucune trace, d'où l'importance de l'éloquence, de la mise en scène, des illustrations, de la qualité de la structure sous-jacente, des répétitions, du jeu de l'acteur et des silences... En un mot : de la théâtralité ! Et même avec tout ça, il ne faut pas que le public sature ou soit distrait sinon... ça glisse ! Impact !

Critère n° 5 : être **Accepté**

Être mémorisé ne signifie pas que le message est adopté, accepté par le public, qu'il est prêt à se l'approprier ; qu'il est prêt à agir à partir de ce celui-ci. Nous voudrions ultimement que l'auditeur soit prêt à s'engager, à agir en fonction de ce qu'il a entendu.

Lorsque j'évoquais en introduction l'intervention de Jean-Pierre Massias à TEDxBasqueCountry 2010, je parlais de ce principe d'appropriation, d'acceptation active. À la suite des réflexions de cet intervenant, mon attitude personnelle par rapport à la gestion des conflits a été transformée. J'ai agi en décidant de réapprendre à négocier puis d'aider les autres à le faire en devenant moi-même médiateur et enseignant de ce sujet. Impact !

Critère n° 6 : être **Relayé**

Pour illustrer mes propos dans cet ouvrage, j'utilise des vidéos TED/TEDx qui ont une caractéristique utile dans notre univers actuel, elles sont très populaires. Celle de Simon Sinek[7], par exemple. Sa forme et son message sont d'une extrême simplicité. Elle dépasse les 20 millions de visionnages et elle m'est utile pour présenter l'importance du *pourquoi*. Pourtant, son contenu n'est pas si orginal que ça. Il m'était arrivé souvent d'entendre ce message. Commencer par le *pourquoi*. Or là, par la magie de TED/TEDx, cette idée connue de nombreux consultants, managers et patrons et que j'ai tenu moi-même avant de connaître ce talk prend soudain une portée philosophique planétaire. Pourquoi a-t-il tant d'impact ?

Parce qu'il est relayé ! Comme je relaie ici divers talks qui m'ont « impacté » ! De ce fait, il devient applicable et utilisable bien au-delà du contexte très fermé de la réflexion stratégique

---

[7] Simon Sinek, TEDxPudgetSound 2009 https://youtu.be/qgvYXwLjESw

propre à une entreprise donnée, par exemple. Il prend une dimension majeure. Inspirante pour des personnes qui n'auraient jamais été, autrement, destinataires du message, même dans un livre de management au succès important. Relayer un message, c'est démultiplier sa puissance. Relayer un message, c'est favoriser son appropriation globale.

Être relayé, servir éventuellement à ceux à qui le message n'était pas destiné est précisément le propos de TED/TEDx. Son auteur en devient parfois incomparablement plus visible. C'est la logique des médias contemporains. C'est aussi l'objectif ultime, certes rarement atteint du format TED, inspirer la planète entière. Une fois émise, l'idée devient virale et fait son chemin toute seule. Peu m'importe à ce stade que des contradicteurs affirment qu'il ne s'agit pas en l'espèce « d'idées », mais de simples témoignages non généralisables. Je ne juge pas les contenus ici, je m'intéresse à la façon dont les talks sont relayés, à leur impact !

C'est le sixième et ultime critère, c'est aussi la logique de notre société hyperconnectée. La technologie a amplifié de façon gigantesque ce que toutes les sociétés humaines connaissaient déjà avec l'oralité : le bouche-à-oreille. Quand on aimait, on en parlait à ses proches. On racontait. Désormais, on partage, on « tweete » et on « like » ... Ça va plus vite et exceptionnellement cela va plus loin, mais cela reste le même principe.

Plus fondamentalement, ce dernier critère est celui du passage à l'acte. Relayer est l'acte minimum requis mais on peut viser plus et mieux. Et si j'agissais à partir de ce que j'ai entendu ? C'est là l'objectif de toute communication efficace : faire agir ! Impact !

Pourquoi TED ?

Au vu de ces six critères, pourquoi s'inspirer de TED ? Non parce que c'est nouveau… mais parce que les TED talks ont un très grand *impact* !

RACONTER L'HISTOIRE

Le chemin qui mène à la scène
passe naturellement par le scénario

Ettore Scola

Personne ne vous écoute raconter votre histoire. En revanche, chacun réinvente sa propre histoire à partir de ce que vous dites … quand tout va bien. C'est pour cela que ça marche dans TED et dans l'entreprise. Et c'est le message essentiel de ce chapitre, et c'est pourquoi je le répète : chacun réinvente sa propre histoire à partir de ce que dit l'orateur.

Dans votre présentation, il s'agit donc d'amener votre public à se projeter dans votre histoire. Non pas convaincre mais faire adhérer. C'est pour cela qu'il importe souvent de structurer votre présentation comme une histoire et/ou de l'illustrer par des histoires. En effet par défaut, votre public pense en réalité en mode histoire. C'est ce que nous allons voir.

Conjuguer Raison et Emotion

Raconter l'histoire signifie accepter l'émotion, l'anecdote, le « storytelling ». L'exercice est parfois complexe surtout lorsqu'il s'agit de raconter l'histoire de ceux qui racontent des histoires ce qui est mon lot quotidien …

Raconter une histoire bien choisie et authentique, ça fonctionne ! Ecarter les émotions au motif que le sujet serait trop sérieux est souvent une erreur. Pourtant, le raisonnement discursif et ses illustrations sont aussi des clefs importantes. Le rationnel garde toute sa place. En fonction du texte et du contexte, rationalité et émotions se conjuguent.

Toucher le public, quel qu'il soit, à la fois par l'émotion et par la raison est donc votre objectif. Savoir ce qui doit primer du cœur et de l'esprit dépend du contexte, de votre public et de votre message. Le réglage des proportions vous appartient.

Le nègre, le redneck et la storyteller

En octobre 1992, Annette Simmons une star américaine du *storytelling* assistait au festival de contes de Jonesborough,[8] le plus grand festival de contes du monde — une sorte de TED sans caméra. Elle était assise à côté d'un autre spectateur, un gros homme blanc à la barbe grise, genre paysan, portant une casquette et un badge de la NRA (*National Rifle Association*, pour la liberté du port d'armes). Il avait tout du *redneck* sudiste et raciste, ce qui se confirma lorsque monta sur scène un Afro-Américain. Le fermier croisa les bras, chuchota à sa femme d'un ton irrité le mot « nègre » et se mit à regarder le ciel.

Le speaker noir parla de cette nuit d'angoisse durant les années 1960, où lui et ses camarades activistes se préparaient autour d'un feu de camp à participer à une manifestation de protestation en plein État du Mississippi lors des émeutes interraciales de cette époque. Annette raconte l'émotion de cette évocation, le danger anticipé et la peur de ces jeunes Noirs. Puis le speaker chanta *Swing Low, Swing Chariot*, un chant religieux. Quatre cents personnes émues et transportées chantèrent avec lui. Annette entendit le *redneck* chanter lui aussi et, du coin de l'œil, elle vit une larme rouler sur sa joue !

---

[8] Festival de Jonesborough, Tennessee : http://www.storytellingcenter.net/

C'est là, nous dit Annette[9] dans un livre référence sur le *storytelling* (si vous voulez creuser), qu'elle prit conscience du pouvoir d'une bonne histoire. Si le Noir activiste avait su émouvoir le Blanc raciste, ce truc doit être vraiment efficace !

Raconter une histoire, base des processus cognitifs humains

Pourquoi sommes-nous émus malgré nous ? Même quand on est au courant de la technique et de la façon de la mettre en œuvre ? Même quand on ne partage pas le point de vue du speaker ? Dans un excellent ouvrage[10] tout aussi référent que le précédent mais plus scientifique, Kendall Haven, un océanographe devenu consultant-raconteur d'histoires professionnel, relève le défi de montrer que l'efficacité du *storytelling* est scientifiquement prouvée. Pour cela, il rassemble une quantité (plus de 100000 pages de publications scientifiques) de résultats de recherches de domaines différents qui convergent vers une conclusion très claire. Raconter une histoire est efficace pour faire passer un message et pour le faire retenir parce que notre cerveau est précâblé pour cela. La thèse de Kendall Haven est la suivante :

> *La masse de l'humanité a appris à lire et à écrire il y a seulement quelques centaines d'années. Les formes logiques, discursives et argumentatives ont émergé il y a à peine 5 000 ans. À l'inverse, les humains ont raconté des histoires pendant au moins 100000 ans. Les biologistes évolutionnistes nous apprennent que 100000 ans de dominance du mode "histoire" dans les interactions humaines ont câblé le cerveau humain pour le prédisposer dès la naissance à penser, à comprendre et à créer du sens à partir d'histoires.*

---

[9] Annette Simmons, « The Story Factory Inspiration, Influence and Persuasion Through the Art ofStorytelling », Basic Books, Cambridge MA, 2002.
[10] Kendall Haven, *Story Proof : the Science behind the Startling Power of Story*, Librairies Unlimited, 2007. www.kendallhaven.com. Vous trouverez une vidéo de la Banque mondiale sur le site de cette organisation.

Voici un extrait des sources de Kendall Haven

Mark **Turner**, professeur de **sciences cognitives**, Case Western Reserve University :

> *L'histoire est un principe de base de notre esprit... la plus grande part de nos expériences, de notre savoir et de nos réflexions s'organise comme des histoires.*

> *La parabole est à la base de l'esprit humain : la base de la pensée, du savoir, de l'action, de la création et sans doute même de la parole[11].*

Alison **Gopnik**, *psychologue, UC Berkeley* :

> *Notre cerveau a évolué pour développer des programmes sous forme d'histoires à partir de stimuli sensoriels qui représentent très correctement des objets et des expériences réelles. Ces programmes [...] nous permettent d'anticiper ce que le monde sera et d'agir efficacement à partir de là. C'est comme cela que la nature résout le problème de l'apprentissage[12].*

Jerome **Bruner**[13], *psychologue* de *l'éducation*, dont les travaux inspirèrent les pratiques éducatives américaines jusqu'à une période très récente :

> *Les enfants produisent et comprennent des histoires bien avant d'être capables de manipuler les fondamentaux de la*

---

[11] Mark Tuner, *The Literary Mind, the Origins of Thought and Language,* Oxford University Press, 1996. http://markturner.org/lm.html

[12] Alison Gopnik *et al., The Scientist in the Crib,* Harper Perennial, 1999. Version française : Alison Gopnik, Andrew Meltzoff et Patricia Kuhl *Comment pensent les bébés,* Le Pommier, 2005. TED: http://www.ted.com/talks /alison_gopnik_what_do_babies_think?language=fr Site de l'auteur principal : http://alisongopnik.com/TheScientistInTheCrib.htm.

[13] Jerome Bruner, *Acts of Meaning,* Harvard University Press, 1990. Pour une lecture directe : http://mf.media.mit.edu/courses/2006/mas845/readings/files/bruner_Acts.pdf

logique "piagetienne" pouvant être articulés sous forme linguistique.

Pourquoi utilisons-nous des histoires pour raconter ce qui se passe dans nos vies ? Parce que, le plus souvent, la vie se déroule sous une forme et un schéma d'histoire. Nous l'utilisons parce que ça marche le plus souvent. Parce que ça marche le plus souvent, nous avons appris à nous appuyer sur le mode-histoire comme notre modèle mental premier.

Concevoir des histoires est notre moyen d'affronter les surprises et les bizarreries de la condition humaine. Les histoires donnent le contexte et la structure pour rendre l'inattendu moins surprenant et plus compréhensible[14].

John D. **Bransford** et Ann L. **Brown**, *professeurs de sciences de l'éducation,* université de Washington :

> *Particulièrement importante est la découverte que l'esprit plaque une structure sur les informations de l'expérience et l'interprète selon une structure d'histoire*[15].

Gerald **Zaltman**, professeur émérite de **neuromarketing** à Harvard University :

> *Le storytelling n'est pas une chose que nous faisons par hasard. C'est une chose que nous sommes virtuellement obligés de faire si nous voulons nous souvenir de quoi que ce soit. Les histoires que nous inventons sont les souvenirs que nous conservons*[16].

Le storytelling a de l'impact parce que les histoires font partie intégrante de l'histoire humaine, de nombreux résultats scientifiques en attestent. Cela est d'ailleurs confirmé par

---

[14] Jerome Bruner, *Making Stories: Law, Literature, Life,* Cambridge MA, Harvard University Press, 2003.

[15] John D. Bransford, Ann L. Brown, *How People Learn: Brain, Mind, Experience, and School*, Washington DC, National Academy Press, 2000. http ://www.colorado.edu/MCDB/LearningBiology/readings/How-people-learn.pdf

[16] Gerald Zaltman, « How Customers Think: Essential Insights into the Mind of the Market », interview filmée à Harvard : https://www.youtube.com/watch?v=NQzYclR8ufM

l'historien Yuval Harari dans son ouvrage « Sapiens » pour qui le formidable succès de l'expansion humaine planétaire de la dernière mouture d'Homo Sapiens, il y a 70000 ans, est précisément dû à cette qualité spécifique.

Qu'est-ce qu'une histoire ?

Mais au fait, si le *storytelling* est le fait de raconter une histoire, qu'est-ce donc qu'une histoire ? Kendall Haven montre que le mot anglais *story* est impuissant à en rendre précisément la nature. La langue anglaise distingue au moins *story* et *history*, ce que ne fait pas le français « histoire ». Que dit le dictionnaire ?

> **Récit** *portant sur des événements ou des personnages réels ou imaginaires, et qui n'obéit à aucune règle fixe ; anecdote visant à amuser, à divertir : Raconter une histoire. Histoires drôles, scabreuses.*
> **Aventure** *que l'on raconte : Il m'est arrivé une drôle d'histoire.*
> **Propos mensongers**, *récit fait pour abuser quelqu'un, pour se justifier, etc. : Ce sont des histoires.*
> **Familier**. *Ensemble d'événements, de faits, généralement fâcheux, complexes : Sa nomination va faire toute une histoire.*

Une histoire est-elle seulement une anecdote, une simple série d'événements, de faits ? L'existence d'une intrigue suffit-elle pour définir une histoire ? Tout récit et toute narration sont-ils des histoires ? Dans son livre, Kendall Haven démontre avec de nombreux exemples que les définitions ordinaires renvoient au divertissement, à la fantaisie, à l'enfance, à la tromperie, ou à l'exposé de simples faits. Retenons sa définition, car elle va vous aider ultérieurement à construire votre histoire à vous.

« **Histoire** », définition d'après Kendall Haven :

> *Une histoire est le récit détaillé de l'épreuve d'un personnage pour surmonter des obstacles et atteindre un but important.*

Une histoire de BIPEDE

Voyons ce que doit comporter un récit pour être une histoire qui nous touche. La narration peut être orale ou écrite, liste les faits disponibles et décrit l'intrigue, mais cela ne suffit pas à en faire une histoire. Pour avoir de l'impact, pour impliquer le lecteur ou l'auditeur, il doit comporter les six éléments suivants :

- **But :** l'objectif du personnage au-delà des obstacles à surmonter ;
- **Intention :** le personnage a une raison de lutter, une motivation importante ;
- **Personnage :** un individu avec des traits de personnalité distinctifs et une volonté propre ;
- **Epreuve :** il y a lutte, des obstacles à surmonter, un conflit ou un problème à résoudre ;
- **Détails :** ils permettent la visualisation réaliste du contexte et du contenu de l'histoire ;
- **Enjeu :** les risques et le danger donnent de l'importance et de l'intérêt à l'histoire.

Donnons d'emblée un exemple d'histoire au sens le plus plein et le plus traditionnel. De nombreux contes comme celui résumé ci-après[17], illustrent bien la définition précédente résumée par l'acronyme BIPEDE :

> *Un jeune garçon pauvre et un peu inconséquent (**Personnage**) doit vendre son unique vache au marché (**Intention**) pour survivre (**Enjeu**). Il prend la route du marché (**But**). En chemin, il rencontre une vieille femme qui lui échange la vache contre des haricots magiques (**Épreuve**), sa mère le punit (**Épreuve**). Le lendemain, les haricots lui ouvrent un chemin vers les nuages (**Épreuve**). Il grimpe et se retrouve chez un ogre où il travaille pour être nourri (**But**). Par trois fois, il en profite pour voler des objets magiques (**Épreuve, Intention**). La troisième fois, l'ogre le surprend.*

---

[17] Ce conte a aussi servi de fil conducteur à l'auteur dans son premier talk TEDX que vous pouvez trouver ici : Didier Chambaretaud, TEDxIESEG 2014 https://youtu.be/wb8BDXPJ0gA

*Jack manque d'être attrapé et mangé puis s'enfuit. Il coupe le haricot et tue l'ogre (**Épreuves**). Il vit ensuite riche et heureux (**But atteint**). De nombreuses précisions agrémentent l'histoire : la chaumière, le château, le chemin, le haricot, la description des personnages rencontrés et des objets magiques (**Détails**).*

Et c'est le lecteur ou l'auditeur qui, en combinant tous ces éléments en fonction de ses propres références, donne un sens et trouve l'histoire vivante, passionnante et la mémorise. Nous retrouvons cette idée de coproduction. L'auteur propose des éléments et en fonction de sa « base de données personnelle de référence », l'auditeur ou le lecteur en fait son histoire...

L'histoire émerge des intervalles du récit

Kendall Haven nous révèle deux clés complémentaires fondamentales qui réunissent le savoir empirique des conteurs et des auteurs de fiction et aussi les résultats de recherches scientifiques :

> **clé n° 1 : naturellement**, notre esprit **comble les vides** et **crée des associations** entre les éléments donnés dans le récit et les ordonne pour leur **donner un sens** ;

> **clé n° 2 :** pour cela, nous puisons dans notre **base de données de savoirs préalables**.

Notez que, même s'il manque certains éléments au BIPEDE, notre esprit tente de les reconstituer en vertu de la clé n° 1 et au moyen de la clé n° 2... jusqu'à ce qu'un seuil de désintérêt soit atteint ou que trop de vides à combler ne rendent le récit inintéressant. Le public sort de l'histoire, s'en détourne et ne s'y engage donc pas. Attention, ce seuil varie en fonction du contexte et du public, il faut tout l'art du scénariste pour y parvenir.

Considérons un instant une parabole comme celle tirée de l'Évangile de Marc :

Lorsqu'il se trouva seul, ceux de son entourage, avec les Douze, l'interrogèrent sur les paraboles. Il leur dit : "À vous a été donné le mystère du royaume de Dieu ; mais pour eux, qui sont dehors, tout vient en paraboles"... »

La Bible qui s'adresse à tous, fait un usage constant et efficace du *storytelling*. En outre, dans cet exemple, quel est le personnage qui parle ? Le chrétien comprend que c'est Jésus qui parle. À l'intérieur d'une communauté donnée, le comblement du vide s'opère en allant piocher dans le savoir commun. La communauté considérée comprend tout de suite... Ainsi, en application directe des deux clés précédentes, tous les éléments du BIPEDE n'ont pas forcément tous à être là pour que l'histoire ou la parabole fonctionne. A vous de connaître votre public, de savoir ce qu'il sait.

Les principes d'une bonne histoire en entreprise

Nous savons maintenant en théorie ce qui fait une histoire mais votre présentation en entreprise doit-elle être tout entière une histoire ou va-t-elle simplement utiliser une histoire et laquelle et alors comment faut-il l'adapter ?

Pour répondre à cette question, un autre *storyteller*, Stephen Denning, a ancré sa conviction dans son vécu professionnel et parle d'expérience. Il a, lui aussi, par la suite étudié le *storytelling* auprès de *l'International Storytelling Center* de Jonesborough, Tennessee, où d'ailleurs ses histoires ne sont pas considérées comme du véritable *storytelling*. Alors, il en a déduit des principes spécifiques au contexte de l'entreprise que je propose de désigner par : « VMPR ».

Le *storytelling* de divertissement, tout comme le scénario hollywoodien issu de la tragédie antique aristotélicienne ne correspondent pas parfaitement au monde de l'entreprise. Il se distingue sur quatre points essentiels. L'histoire d'entreprise :

- est **V**raie, authentique et vérifiable ;
- est **M**inimaliste ;
- comporte une tonalité **P**ositive (opportunité d'action) ;

- est en **R**upture d'avec l'existant.

Une histoire VMPR[18]

Alors qu'il était directeur de la Business Unit Afrique au sein de la Banque Mondiale, Stephen Denning, prit un poste transverse « placard » de *Knowledge Manager*. D'abord mortifié, il prit ce projet à cœur. Or personne ne voulait l'écouter jusqu'au jour où l'histoire suivante qu'il a commencé à raconter s'est propagée et est devenue le déclencheur d'une toute nouvelle stratégie :

> *Un travailleur social perdu au fin fond de la Zambie se connecte un jour sur un site américain pour apprendre à prévenir la malaria. Or la Banque mondiale qui finance pourtant massivement de tels programmes est absente de cette histoire-là ! C'est le déclencheur de la prise de conscience. »*

Ici, peu importe le nom du village de brousse ou que le travailleur social soit un homme ou une femme, qu'il soit blanc ou noir... Les seuls éléments à connaître sont que le lieu est reculé et pauvre, que le sujet de la recherche est financé par la Banque et que le personnage trouve ses réponses sur le Net en se passant de la Banque Mondiale. Ne gardez que le strict nécessaire … comme dans un sac à dos d'alpiniste ! Après la Banque Mondiale, Steven Denning devient conférencier et auteur. Il développe la thématique du *storytelling* en entreprises dans plusieurs ouvrages de référence[19].

Distinguons l'histoire racontée dans un contexte d'entreprise des scénarios visant seulement à distraire même si les principes de base restent valables. Un scénario de cinéma, par exemple, n'a pas à être vrai ou vérifiable, il n'est pas minimaliste, il peut être tragique et n'a pas à être positif (au sens action). Enfin, le scénario de cinéma n'a pas à être en rupture avec le quotidien du public. Voilà pourquoi il importe d'adapter les recettes du showbiz, du théâtre ou même de TED/TEDx.

---

[18] Stephen Denning, TEDxHogeschoolUtrecht 2011
https://youtu.be/HuIfyg13Djc

[19] De Stephen Denning, lire: *The Leader's Guide to Storytelling : Mastering the Art and Discipline of Business Narrative*, Jossey-Bass, 2005.

SCRIPT OU IMPRO ?

Ne cherchez pas en vous, en vous il n'y a rien ;
cherchez dans l'autre qui est en face de vous.

Constantin Stanislavski

Il y a une question qui n'en est une que pour certains orateurs. Cette question est dans le titre : faut-il écrire sa présentation ou faut-il plutôt l'improviser ?

Ma réponse est : les deux !

Mais le sujet est en réalité trop important pour que vous laissiez les événements décider à votre place. Si vous voulez progresser, vous devrez choisir votre stratégie de préparation.

L'alibi du Powerpoint (PpT)

Commençons par évacuer la méthode du VIP pressé, scientifique au top de sa spécialité, universitaire renommé ou dirigeant affairé. La préparation du Powerpoint à la dernière minute est un faux-nez. L'intervenant qui se dit : *pas de problème je ferai mes slides à la descente de l'avion entre trois et cinq heures du matin*, se ment à lui-même. Il va reprendre des slides d'ailleurs, les modifier et refaire ce dont il a l'habitude. Et comme il aura la chose en mémoire, il se dira qu'il est prêt …

Et cela ne sera pas forcément mauvais car généralement cet orateur connaît son sujet, et c'est souvent le même type de public dont il a par ailleurs une grande habitude. Mais très probablement ; il ne fera qu'une prestation honorable. Il manquera l'occasion de maximiser son impact au sens ACCMAR et aussi de progresser au contact véritable de son public.

Les mains dans les poches (MdP)

Il s'agit d'une variante assumée du cas précédent. Assumée car il n'y a plus l'alibi du Powerpoint. L'orateur est sûr de lui et va « travailler » son public comme il en a l'habitude. Lorsque l'orateur est par exemple un *motivational speaker* chevronné et que son public attend d'en ressortir *boosté*, ça va forcément fonctionner car tous les voyants sont au vert : l'orateur est rôdé, le sujet est connu, les attentes du public aussi … Notez qu'en fait, nous ne sommes pas loin d'un spectacle où l'acteur connaît parfaitement son texte c'est-à-dire le cas StE2 du paragraphe suivant.

Et dans certains TEDx, cela ne fonctionne pas ! J'ai souvenir d'un créateur de start up mondialement renommé rompu à l'exercice du *pitch* ayant écouté mes conseils et m'ayant rassuré juste avant de monter sur scène : *ne t'inquiète pas je rentre de Chine et je pars à Londres ce soir mais là je vais leur faire mon pitch et ça va marcher*. En sortant, il était d'accord de ne pas diffuser la vidéo si nous trouvions que cela n'allait pas. Il avait fait ce qu'il faisait d'habitude, les mains dans les poches, et avait compris tout seul qu'il était en deçà des attentes du public !

A l'inverse, les professionnels du stand up avec qui nous avons travaillé, et malgré un emploi du temps très chargé, ont toujours tenu à préparer, écrire et répéter leur « spectacle » même s'ils ne le jouaient avec nous qu'une seule fois !

Le script tout écrit (StE) et ses variantes

Alors si l'approche « les mains dans les poches » n'est sans doute pas la plus professionnelle, faut-il tout écrire ? C'est en effet une approche que certains utilisent parce qu'elle les rassure. Je l'utilise aussi et il m'arrive avec les tenants de cette approche de faire à distance un véritable « coaching par écrit » qui est très précieux car le travail de la structure, des mots, du ton, des effets et de leur ordre est bien plus riche à deux. Dans le cas où l'orateur est le porte-parole d'un groupe de travail, tout le groupe peut s'impliquer dans cette approche. Cette méthode a ses variantes qu'il faut connaître car elles peuvent être … désastreuses.

Le niveau zéro (StE0) est à proscrire. Il s'agit de la lecture pure et simple de ses notes. C'est à proscrire car l'acteur est absent, seul s'exprime l'auteur. Si vous étiez Benjamin Franklin ou Voltaire dans le salon d'une belle marquise, c'est ainsi que vous feriez connaître vos œuvres, mais vous n'êtes pas Benjamin Franklin ni Voltaire et le temps des belles marquises est révolu…

Dans quelques cas particuliers, même dans un TEDx, nous avons pourtant partiellement et avec succès utilisé cette méthode parce qu'une mise en scène adaptée rendait l'ensemble évident pour le public. La règle est pourtant d'éviter cette approche dépassée et peu « engageante ».

Sa variante est celle du discours lu avec de plus ou moins fréquentes interactions visuelles de l'orateur avec le public (StE1) C'est la méthode courante du politique ancienne manière comme Sar Johann Gkozy[20] à Dakar ou Hollande à la conférence de presse de l'Elysée. Cela ne convient plus. Jean Luc Mélenchon à chaque fois, Marine le Pen parfois et Emmanuel Macron souvent, s'expriment sans notes. Avec des notes, l'orateur moyen ne parvient généralement pas à créer de lien avec son public. Notez que de nombreux intervenants TED

---

[20] Nicolas Sarkozy, Dakar, 26 juillet 2007, https://youtu.be/myhw_Db73pA

et non des moindres comme Daniel Kahneman[21], prix Nobel d'économie, se sont appuyés ainsi sur un pupitre et sur un texte écrit … cela ne signifie pas que cela ait été mémorable malgré des millions de vues sur Youtube !

Toutefois, il m'arrive de recommander à la personne qui n'a pas pu mémoriser tout son texte de disposer « d'antisèches ». Elles ne servent généralement pas car en fait, ces orateurs sont dans le cas suivant (CnV) mais les notes au creux de la main les rassurent.

La variante efficace est celle de l'acteur professionnel qui apprend et retient tout par cœur (StE2). Jamais, je ne l'ai vu pratiquer avec succès sauf au théâtre car elle demande un travail tout à fait à la portée de tous mais qui n'entre plus ni dans nos habitudes courantes de travail, ni dans nos agendas.

Aux intellectuels que j'accompagne, cette idée du « par cœur » fait horreur. Elle leur rappelle trop l'enseignement primaire du passé. Elle est synonyme d'ennui et ils se sentent bien au-delà de telles pratiques. Le par cœur intégral est donc généralement irréaliste même s'il semble qu'il soit utilisé par certains intervenants de TED lorsqu'ils disposent en effet de six mois et plus pour se préparer.

En revanche, le par cœur partiel pour l'accroche, la conclusion et la finale et les transitions est au contraire fortement recommandé et ne demande pas une charge mentale trop forte.

Le canevas (CnV)

L'approche qui rallie spontanément les suffrages est le discours calé sur une canevas préparé qui permet de présenter des accessoires ou des supports à point nommé. Attention toutefois de ne pas retomber dans le Faux-nez du PpT. Car le canevas peut être préparé sur Ppt et de là amener l'intervenant à se

---

[21] Daniel Kahneman, TED 2010 https://youtu.be/KzWYHfMg6GM

focaliser sur des slides écrits et à retomber dans le piège classique.

Le canevas prend typiquement en compte les 10 à 15 « pierres » de 1 à 2 minutes chacune sur lesquelles le public prendra appui pour traverser avec vous la rivière qui symbolise votre discours. La première pierre est toujours une accroche, explicite ou non, parfois une blague mais pas forcément. Ensuite, vient une forme d'annonce du sujet et du plan. L'ensemble de ces trois pierres forme une introduction qui peut durer 2 à 3 minutes.

Le développement est variable, il aura une huitaine de « pierres ». Chaque pierre pourra être le commentaire d'une illustration, d'une vidéo, un raisonnement, une histoire … Elles pourront être regroupées (ou pas) en deux, trois parties s'il y a des dominantes de sens ou de ton. On veillera particulièrement aux transitions entre les pierres et entre les parties. Chaque pierre nous rapprochant de la conclusion, on pourra proposer des conclusions partielles selon le fil conducteur …

Chaque répétition sera différente de la précédente car les mots ne seront pas exactement les mêmes mais le sens général et la progression ordonnée seront les mêmes.

Le talk ré-improvisé (TrI)

Le dernier scénario, TrI, est celui que je préconise. Avec ou sans script tout écrit (pour ma part, j'utilise souvent un script tout écrit que j'élague au fur et à mesure), la base de l'approche est celle que nous venons de décrire, le canevas (CnV). Et comme dans StE2, il convient de faire le plus grand nombre de répétitions possible selon la méthode du pendule du chapitre suivant.

Il s'agit tout d'abord d'être certain de respecter la contrainte de temps. Ensuite comme dans CnV, il s'agit de suivre un ordre prédéfini avec des pierres bien précises qui permettront de déclencher les effets voulus et les transitions prévues. Si vous avez un script, il s'agit de l'enrichir des mots les plus justes, ceux qui tombent naturellement de votre bouche. Il s'agit aussi d'élaguer les choses que vous avez tendance à oublier afin d'éviter le risque d'avoir un trou de mémoire.

Enfin, il s'agit de faire confiance à votre propre cerveau et au public afin de « co-produire » le talk. Si vous connaissez bien votre sujet, si vous avez préparé et si vous décidez consciemment d'accorder votre priorité au public, le lien que vous allez créer en regardant celui-ci fera revenir les mots et les effets prévus au bon moment ! Comme dans une conversation normale !

Faites un choix conscient

Plutôt que de laisser faire le destin … prenez en compte le schéma suivant présentant les différentes approches et ne vous laissez pas imposer un choix par défaut en fonction des circonstances ou des habitudes. Choisissez en fonction des avantages et des inconvénients de chaque approche et de vos objectifs et de ce qui vous convient le mieux:

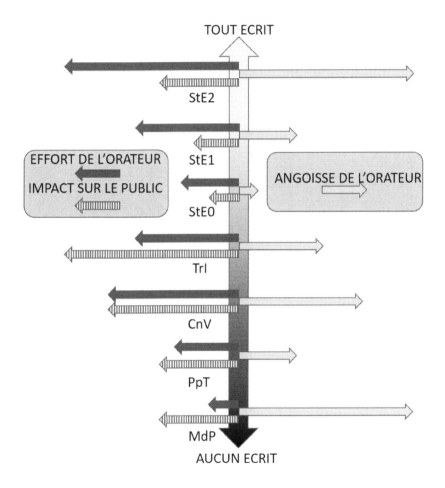

SE PREPARER METHODIQUEMENT

Je connais un critique qui est en même temps auteur…
ce qui le met en tant qu'auteur dans une situation critique !

Raymond Devos

Lorsque l'orateur a intégré ce que sont les critères d'impact, sait raconter une histoire, et a choisi son scénario de préparation il a déjà en main trois atouts maîtres. Pour autant, souvent la question qu'il nous pose et à laquelle nous répondrons ici pour terminer, est : « par quoi commencer pour se préparer concrètement ? »

La méthode du pendule

Voici donc en résumé la méthode de préparation que j'utilise, je l'appelle, la méthode du pendule.

Phase 1 : *message central et fil conducteur*

En utilisant une méthode de créativité ou comme quand j'en ai le temps, lors d'une simple conversation avec le speaker, sans structure préalable, il est essentiel avant de commencer, de bien cerner le message central. Si l'on peut le résumer en une phrase de quinze mots, cela va nous être utile.

Séparez la réflexion en deux étapes : analyse puis structuration. D'abord, une méthode de créativité comme un *mind mapping* ou une simple conversation, peut vous conduire au message central. Ensuite, une méthode de structuration aboutit à un plan détaillé.

Phase 2 : commencer par la fin

L'orateur ayant son message central en tête, il peut commencer par la fin ! Il rédige sa conclusion (le message) et sa « finale » (le mot de fin juste avant les applaudissements).

Il peut alors reprendre son fil conducteur pour rédiger son annonce, puis son accroche (ses premiers mots pour « engager » le public).

Il *apprend par cœur* en même temps ses derniers et ses premiers mots.

Il peut parfois se lancer à travailler la partie oratoire dès la fin de cette phase en improvisant en « *live* » le développement s'il a opté pour une méthode sans script ou mixte.

Phase 3 : répétitions impromptues

En voiture, sous la douche, en promenade... On dit qu'un bon TED talk demande plus de dix répétitions, mais je pense que nous sommes là très en dessous de la vérité.

À la fin de cette phase, commencez à vous chronométrer.

Phase 4 : développement

En fonction de ce qui vous est venu spontanément pendant vos essais, vous pouvez passer à une écriture structurée du développement in extenso ou en mode plan avec les indications pour les principales illustrations et histoires (par exemple, notes en couleur dans la marge).

Je privilégie un texte complet et non un plan détaillé ni des slides à ce stade, mais on peut admettre des variantes.

J'écris entre parenthèses et en couleur, dans le corps du texte ou dans une colonne en marge à côté, les indications scéniques et ce qui concerne supports et accessoires si c'est pertinent.

Phase 5 : *répétitions*

Devant un mur blanc, avec un proche ou un coach en face à face ou par Skype, il s'agit déjà de vous tester. C'est le moment de travailler les mots, les transitions, les phrases clés et aussi le regard, le dos, la voix.

Préparation oratoire et écriture se rencontrent à ce moment-là, au milieu de votre préparation, car, dans « la vraie vie », les deux sont intimement liées. Certains mots, certaines expressions vont mieux que d'autres avec votre style, c'est là que vous le découvrirez.

Phase 6 : *oscillations du pendule*

Itération des phases 4 et 5 en alternance avec l'idée à la fois d'élaguer et d'affiner les détails pertinents et de veiller à l'équilibre BIPEDE des histoires choisies. L'écriture et le travail oratoire se renvoient l'un à l'autre comme les oscillations d'un pendule.

Chronométrez-vous impérativement. À ce stade, vous devez commencer à pouvoir tenir dans le temps imparti.

Phase 7 : *supports et accessoires*

Sur la base des indications (par exemple en couleur dans votre plan ou script), vous pouvez faire des slides ou rechercher des accessoires.

C'est aussi le moment de bien vérifier l'équilibre du scénario général de la présentation. Les attentes générales du public vis-à-vis du sujet de la présentation sont-elles prises en compte ?

Des incertitudes et des trous sont-ils ménagés pour créer du « suspense » jusqu'au bout ?

Si vous avez recours au *storytelling* comme illustration du propos en incise de votre propos, c'est le moment de vérifier la cohérence des éléments BIPEDE et VMPR de vos anecdotes.

Phase 8 : *répétitions en conditions quasi réelles*.

Recréez physiquement les conditions de la présentation afin de pouvoir répéter les déplacements, passer les supports, tester micro et lumières...

Phase 9 : *répétition générale sur la scène réelle*.

Commencez par prendre vos repères géographiques : ceux de la salle et ceux de la scène. Intégrez bien les distances, les directions dans lesquelles vous regarderez. Délimitez vos déplacements en fonction du décor, évitez de tomber dans la fosse, de vous prendre les pieds dans les fils...

Ecoutez votre trac, examinez-le ... Si vous êtes prêt, il va devenir jubilation dans un instant. C'est le moment d'appliquer des techniques de respiration et de prises de postures. Cela dit, rien n'empêche d'avoir commencé lors des phases précédentes...

Puis lancez-vous afin de tester tout ce que vous avez répété et préparé, afin de voir comment cela prend sa place dans ces déserts si peuplés que sont la scène ou la salle de réunion.

Phase 10 : *vous y êtes*.

Vous vous retrouvez sur la scène enfin, deux secondes avant de parler. Oubli total ! Vous regardez le public et vous allez tout réimproviser pour lui !

Faites-lui et faites-vous confiance, plongez !

Phase 10+1 : *Le feedback après*.

Scénario 1 : vous avez le sentiment d'avoir été bon et vous voulez rester sur cette bonne impression, vous passez à autre chose. Scénario 2 : vous avez le sentiment d'avoir été nul et vous ne voulez plus y penser. Vous passez aussi à autre chose.

Dans les deux cas, vous commettez une erreur. Faites plutôt en sorte de solliciter des critiques sérieuses et réfléchies, pas forcément tout de suite, mais recherchez un vrai feedback afin d'en prendre bonne note pour une autre occasion, car on est toujours mal placé pour se juger soi-même.

Et cela reste vrai lorsque l'on dispose d'une vidéo. Si vous avez un coach, ne le laissez pas se défiler, son job ne s'arrête pas lorsque s'arrête votre prestation !

L'importance de la répétition

Dans cette méthode du pendule, j'intègre ce conseil que j'ai entendu partout : la réussite du talk dépend du nombre et de la qualité des répétitions.

Vous remarquerez que j'intègre les répétitions très tôt sous une forme impromptue. En fait, il s'agit d'un travail de préparation complet : réflexion + créativité + structuration + répétitions + itérations + mises en situation.

Dans la vraie vie, j'ai rarement pu scander autant la méthode, mais l'idée générale se trouve dans ces dix phases plus une.

L'importance de la conversation

Dans un TEDx, la phase 1 est parfois brève et l'on passe directement à la phase 4 car l'intervenant a déjà son sujet en tête. En entreprise, en revanche, même si l'intervenant est censé bien connaître son sujet, il a souvent peu de temps et est parfois plus contraint de parler que vraiment volontaire ...

Les premières phases sont essentielles. Il s'agit de retrouver dans la préparation le sens d'une vraie conversation. Ainsi, le speaker abouti sera par la suite non plus en train de faire une conférence à sens unique mais en train d'engager la conversation avec son public même si ce dernier reste silencieux…

L'importance de la digestion

En général, il faut que s'écoule une durée de plusieurs semaines idéalement pour que l'esprit s'imprègne du scénario construit peu à peu à partir du message central et que votre esprit assimile la nouvelle incarnation que vous projetez de faire de ce message, même si vous êtes un orateur confirmé !

Notre esprit a autant besoin de désapprendre que d'apprendre. Vous devez réordonner des éléments que vous maîtrisez déjà, sinon, on ne vous demanderait pas de venir parler dans un TEDx ou en réunion.

Cependant, le travail d'élagage et d'affinage des détails en même temps que de réordonnancement des idées prend du temps. Il faut laisser à votre esprit le temps de s'habituer, surtout de désapprendre ! Ce temps de désapprentissage, variable selon les individus, doit être mené à terme sous peine de ne pas sortir du doute et de faire monter l'anxiété.

La triple synergie du pendule

La **première synergie** que j'utilise pour moi, comme avec les orateurs que j'accompagne, est celle de l'alternance entre écriture et répétitions. Cela permet de mener de front des travaux qui se complètent et s'enrichissent les uns les autres dans un mouvement de balancier, d'où le nom de « pendule ».

La **deuxième synergie** est celle du regard extérieur que peut poser un coach ou un membre de votre entourage qui vous aide à percevoir ce que vous ne pouvez pas percevoir facilement vous-même et qui est évident de l'extérieur.

La **troisième synergie** est celle que vous devez in fine trouver avec votre public. En vous habituant ainsi à reconstruire votre texte à l'intérieur d'une esquisse donnée et en reformulant sans cesse les mots et les gestes pour qu'ils « roulent » sans accroc. Il vous sera ainsi plus facile de sembler improviser le jour J et aussi de réagir à un imprévu.

CONCLUSION

Et s'il fallait ne retenir qu'un seul mot ?
Ce serait le mot *préparation*.

Préparation dans la séquence des actions de recherche, de brainstorming, d'illustrations, de partage par l'expérience et …

Préparation selon les six dimensions (ACCMAR) de la recherche d'impact. Préparer consiste non pas à chercher à briller mais à être au clair avec son *Pourquoi*. Le pourquoi de votre prise de parole, le pourquoi de votre message et enfin le pourquoi de cet orateur-là, de vous, et pas d'un autre.

Préparation de l'histoire qu'immanquablement le public va se raconter à partir des histoires de type « BIPEDE » que vous allez relater.

Préparation de la structure et des enchaînements que vous allez proposer à votre public depuis la seconde où vos yeux vont croiser les leurs jusqu'à la finale qui déclenchera de vrais applaudissements.

Préparation par ces répétitions pendulaires qui vous feront découvrir qu'être temporairement orateur comme à TED, c'est accepter d'être tout à la fois auteur, réalisateur et acteur au service de son message et de son public.

Préparation de l'orateur lui-même que nous n'avons pas évoqué ici : son corps, sa voix, son souffle, ses gestes, l'occupation de l'espace.

Préparation des accessoires évoquée fugitivement à l'étape 7 de la méthode du Pendule. Elle peut inclure bien sûr des *Powerpoints* mais aussi de vrais accessoires, parmi lesquels des costumes et même déboucher sur une manière de … mise en scène !

Et maintenant, que diriez-vous de vous *préparer* à monter sur scène à votre tour ?

L'auteur explicite de façon plus détaillée et développe d'autres thèmes dans le livre suivant : 18 Minutes pour réussir votre présentation, Editions Eyrolles.

en partenariat avec

ACATL *Publishing*
Collection Prise de Parole
www.acatl.fr

Printed in Great Britain
by Amazon